Ludwig Bowitsch

Volkslieder

Ludwig Bowitsch

Volkslieder

ISBN/EAN: 9783743419926

Hergestellt in Europa, USA, Kanada, Australien, Japan

Cover: Foto ©Thomas Meinert / pixelio.de

Manufactured and distributed by brebook publishing software (www.brebook.com)

Ludwig Bowitsch

Volkslieder

Nachklänge

alter

Volksweisen.

Volkslieder.

Von

Ludwig Bowitsch.

Wien 1861.

Druck und Verlag von A. Pichler's Witwe & Sohn,
Stadt, Neuer Markt Nr. 1044.

Vorwort.

Nur wenige dieser Lieder sind eigentliche Umbildungen vorhandener Volksweisen und lassen das Originale mehr oder minder vollkommen wieder erkennen.

Die überwiegende Mehrzahl ist nur durch Anregung alter Melodien-Bruchstücke ins Leben gerufen worden und zwar nicht selten bietet Stimmung und Gedanke einen völligen Gegensatz zu dem, das die Veranlassung der neuen Schöpfung war. Den Ton allein war ich stets der ehrwürdigen Volksmuse nachzubilden beflißen und in sofern stehe ich nicht an, diese Lieder, obschon ich sie ohne Gewissensbedenken der Mehrzahl nach als mein volles Eigenthum bezeichnen könnte, als „Nachklänge" in die Welt zu senden, vermeinend, daß ihnen durch diesen Hinweis auf die Veranlasfung ihres Entstehens von ihrem allfälligen Werth nichts benommen werde.

Bei jenen wenigen, in benen das Originale klar zu Tage tritt, habe ich die Quelle anzudeuten nicht unterlassen.

Möge der Sammlung dasselbe freundliche Geschick zu Theil werden, welches einzelnen Gedichten zu Theil geworden ist, die kaum veröffentlicht sich eines mehrfältigen Nachdrucks erfreuten und mir dadurch als Lohn des Schaffens den Beweis lieferten, daß das, was von Herzen kommt, auch heut zu Tage, wie in vergangenen Zeiten noch immer Herzen finde.

Wien, im April 1861.

Ludwig Bowitsch.

Inhalt.

	Seite		Seite
Vorwort	VI	Im Herbst	32
Der Spielmann	1	Marie	34
Flüchtiges Leben	3	Liebe	36
Frage und Antwort	5	Im Walde	38
Die Liebe ist blind	7	Der durstige Jäger	39
Scheidegruß	9	Tausch	41
Boten	11	So und nicht anders	43
Ein Jäger, das bin ich	12	Betheurung	44
Lied der Bergleute	14	Frühlingslust	45
Zu dir bin ich gangen	16	Scheidegruß	47
Der alte Hirte	18	Entschluß	49
Das besorgte Mädchen	20	Erwartung	50
Verzweiflung und Trost	21	Tiefes Leid	51
Der alte Wanderbursche	22	Heimweh	53
Ohne Liebe kein Leben	24	Im Mai bin ich gangen	55
Du zerrst Dich —	26	Kündigung	57
Des Mädchens Klage	27	Wir sind nur auf der Reise	58
Die Waldschenke	28	Der Grollende	59
Jägerlied	30	Höchstes Glück	60

	Seite		Seite
Wonne und Trauer	61	Mein Lieb hat mich verlaſſen	91
O Mädchen	62	O Mädchen	93
Richtiges Reſultat	63	Denkſt du noch mein	95
Liebchens Augen	64	O Liebchen, du wohneſt —	96
Es ziehen die Wolken	65	Wäre ich Perle	98
Altes Landsknechtlied	67	Lob des Weibes	100
Entſchluß	69	Weinlied	101
Gleichgültigkeit gegen den Winter	70	Jägerlied	103
		Der Trompeter	105
Gegenſätze	72	Flüchtig	107
Diene ſüß und minniglich	74	Liebesunruhe	108
Höherer Werth	75	St. Hubert	110
Der Ring	76	Ich ſegne jede Roſe	112
Schönes Kind ich liebe Dich	78	Der Spielmann	114
Dein Auge	80	Die Alte	116
Sommernacht	81	Der theure Ort	118
Im Lenz	82	Der Rock iſt zerriſſen	119
Vom todten Liebchen	84	Wiegenlied	121
Verherrlichung der Geliebten	86	Friſch in die weite Welt	122
		Frau Wirthin einen Schoppen noch	123
Spinnlied	87	Des Schreiners Braut	125
Lieblich winkt der Matten Grün	89	Träumen	127

Der Spielmann.

Ich bin ein Spielmann wohlgemut
Und zieh' von Land zu Land —
Ein Röslein auf dem alten Hut
Die Geige in der Hand.

Ich leb' am heißen Libanon
So wie am kalten Belt,
Denn meiner Weisen süßen Ton
Versteht die ganze Welt.

Was sich vor Haß und Neid entzweit,
Versöhnt sich beim Gesang,
Und manche harte, spröde Maid
Wird weich beim Saitenklang.

Und kos't und herzt und küßt man sich
Im Zauber der Schalmei —
So kömmt der Spielmann sicherlich
Zu Schaden nicht dabei.

Das Röslein auf dem alten Hut
Ist auch von schöner Hand —
D'rum wandr' ich frisch und wohlgemut
Und lob' mir meinen Stand.

Flüchtiges Leben.

Wir jagen ohne Ruh' und Rast
Auf wunden Sohlen fort;
Und finden in der wilden Hast
Doch nie des Glückes Hort.

Das Laub versinkt im Nebelgrau,
Der Dachs gedenkt des Bau's —
Das Blümchen stirbt auf feuchter Au,
Die Schwalben wandern aus.

Das aber ist der Trost im Schnee:
Der Wald wird wieder grün —
Die Schwalben kehren von der See,
Sobald die Rosen blüh'n!

Ei freilich wohl — in kurzer Frist
Bricht Alles neu herfür:
Doch ach, du armer Pilger bist
Nur wenig Stunden hier!

Und wenn der Sproßer wieder klagt,
Dann hast du schon vielleicht
Das Glück, das du so heiß gejagt
Im kühlen Grund erreicht!

———

Frage und Antwort.

Fragst du die Rose,
Warum sie blüht,
So wird sie sagen:
„Das Blühen eben
Ist Rosenleben
Und ohne Farben
Kein Blümlein glüht!"

Fragst du die Lerche,
Warum sie singt,
So wird sie sagen:
„Das Singen eben
Ist Lerchenleben
Und mit dem Pulse
Das Lied erklingt!"

Fragst du das Herze,
Warum es liebt,
So wird es sagen:
„Horch, was im Walde
Und auf der Halde
Vöglein und Blume
Zur Antwort gibt!"

Die Liebe ist blind.

Die Liebe, die Liebe ist blind!
Sie sieht nicht die Dornen im Wandern,
Sie sieht nicht die Fehler des Andern,
Die Liebe, die Liebe ist blind!

Die Liebe, die Liebe ist blind!
Sie baut nicht hinaus in die Ferne,
Sie trägt in der Brust ihre Sterne,
Die treuliche Führer ihr sind!

Die Liebe, die Liebe ist blind!
Sie preiset nur, was sie erkoren
Und merket nicht, was ihr verloren
Im Traum, der sie täuschend umspinnt!

Die Liebe, die Liebe ist blind!
Und blind nur zu sein, kann ihr taugen,
Denn öffnen dem Licht sich die Augen,
So stirbt das göttliche Kind!

Scheidegruß.

Und muß ich wandern aus den Bergen
Und in das Land der Tiefe geh'n,
So will ich nur, bevor ich scheide,
Noch einmal meine Liebste seh'n!

Gehab' dich wohl du schöne Dirne
Und weine weiter nicht um mich, —
Es würde nur mein Los erschweren,
Wüßt ich in Schmerz und Thränen dich!

Nimm diese dunkle Alpenrose
Gebrochen dir vom schroffsten Stein
Und leg' zu Bildern und Gesängen
In dein Gebetbuch sie hinein.

Und ruhst du einst in fremdem Arme,
So denke: der die Rose gab
Zieht fern von seinen Heimatbergen
Dich segnend, fort am Wanderstab!

―――

Boten.

Fliege, o Vöglein, und fliege,
Fliege zur Liebsten mir hin —
Künde es, daß ich im Geiste
Immer nur bei ihr bin.

Schwebe, o Lüftchen, und schwebe,
Schwebe zur Liebsten als Gruß —
Drück' auf die rosigen Wangen
Ihr meinen zärtlichen Kuß.

Rausche, o Wasser, und rausche,
Rausche hinunter in's Land —
Sag' ihr, wie oft ich verzweifelnd —
Wandle am felsigen Strand.

Ein Jäger, das bin ich.

Ein Jäger, das bin ich,
Und es bleibt auch dabei,
Es gibts nichts, was so prächtig,
Als die Jägerei.

Beim Grauen des Morgens
Heißt's empor nach den Höhn —
Wie singt und klingt und zirpt es
Gar so zauberschön!

Wie duften die Moose
So erfrischend und rein,
Wie rauscht das Wasser lustig
Nieder vom Gestein.

Ein Jäger, das bin ich
Und es bleibt auch dabei,
Es gibt nichts, was so prächtig
Als die Jägerei!

Wo der Weichling verzaget,
Schwillt dem Jäger die Brust
Und mit Gefahr und Wagniß
Steigert sich die Lust!

Wie spendet die Liebe
Gar so feurigen Kuß,
Da, ewig zu verlieren,
Sie befürchten muß!

Und stürz' ich zur Tiefe,
Mach' ich nichts mir daraus,
Es stirbt sich immer besser
Als im Siechenhaus!

Ein Jäger, das bin ich
Und es bleibt auch dabei,
Es gibt nichts, was so prächtig
Als die Jägerei.

———

Lied der Bergleute.

Wir schalten und walten tief unter der Erd'
Im rollenden, grollenden Schacht —
Und wagen uns keck an den heimlichen Herd,
Wo sie brauen die Geister der Nacht.

Wir fördern zu Tage, was schweigend geruht
Jahrtausende unterm Gestein —
Des rothen Goldes verfängliche Glut,
Des Silbers schneeigen Schein!

Wir fürchten uns nicht vor des Todes Gruß
Und fordern ihn selber heraus
Und da, wo die Leiche sich betten muß,
Sind wir schon im Leben zu Haus.

Wie herrlich auch oben des Frühlings Pracht,
Über Nacht ist sie Moder und Staub;
Doch die Blüten der Erze im funkelnden Schacht
Werden nie einem Winter zum Raub!

Und gibt sich gewaltiges Streben dort kund,
So ist's unser Arm, der's erschafft —
Denn schlagen wir nimmer das Gold aus dem Grund,
So versiegt die belebende Kraft!

———

Zu dir bin ich gangen.

Zu dir bin ich gangen
Im Regen und Wind —
Zu dir geh' ich nimmer
Und nimmer mein Kind!

Wie glühte und blühte
Das öde Revier —
Es ging ja die Liebe,
Die Liebe mit mir!

Zu dir bin ich gangen,
Dahin ist die Zeit —
Verwelkt sind die Rosen
Der Weg ist zu weit.

Ich schau' nur der Felsen
Entlaubten Granit —
Es geht ja die Liebe,
Die Liebe nicht mit!

Zu dir bin ich gangen
Im Regen und Wind:
Zu dir geh' ich nimmer
Und nimmer mein Kind!

Der alte Hirte.

Wenn der Frühling singend durch die Berge geht
Und die Alpenros' in voller Blüte steht,
Steigt des Thales Hirt, der bleiche, greise,
Auch hinauf zum kühlen Waldesborn,
Bläst auf seinem Alpenhorn
Eine alte, längst verscholl'ne Weise.

Als der Frühling singend durch die Berge ging,
War's, daß liebend ihn die schönste Maid umfing —
All sein Sehnen galt nur einem Preise. —
Und er lag am kühlen Waldesborn,
Blies auf seinem Alpenhorn
Träumend seiner Holden Lieblingsweise.

Ach, die schöne Dirne starb im Schmuck der Braut —
Aber, wenn der Schnee auf Fels und Wiesen thaut,
Steigt des Thales Hirt, der bleiche, greise
Auch hinauf zum kühlen Waldesborn,
Bläst auf seinem Alpenhorn
Eine alte, längst verscholl'ne Weise.

Das besorgte Mädchen.

Will dir einen Kuß noch geben
Eh' wir geh'n —
Lieber Gott — nun hat die Mutter
Uns geseh'n!

Gib nur schnell zurück mir wieder
Meinen Kuß,
Denn sonst stirbt die arme Mutter
Vor Verdruß!

Verzweiflung und Trost.

Das war im Lenz, als Flur und Wald
Die reichsten Blüten trieb —
Sie saßen unterm Tannenbaum
Und hatten sich so lieb.

Doch ach, nicht jede Blüte reift
Und Scheiden thut so weh —
Das Mägdlein kühlte seinen Schmerz
Im tiefen Alpensee.

Der Knabe brach den Tannenbaum
Im späten Abendschein
Und schnitt sich eine Zither b'raus
Und sang sein Leiden ein!

Der alte Wanderbursche.

Ich leb' nur allein auf der Straßen
Und halt's in der Stube nicht aus —
Bin fertig mit Lieben und Hassen
Und nie für den Kummer zu Haus!

Was frag' ich nach eigenem Herde
Den acht' ich als Kerker für mich:
Und schlummert das Wild auf der Erde
So find' meinen Schlummer auch ich!

Der wenig an Gütern kann zeigen,
Ist leicht, sie zu mehren, beseelt —
Doch wem auch kein Pfennig zu eigen,
Der ist ein Gebieter der Welt!

So geh' ich kreuzlustig zu Grabe,
Genieße, was immer ich kann —
Doch hat nur mal Einer die Habe,
So hat auch die Habe den Mann!

Ich leb' nur allein auf der Straßen
Und halt's in der Stube nicht aus —
Bin fertig mit Lieben und Hassen
Und nie für den Kummer zu Haus!

Ohne Liebe kein Leben.

Laß das Leichentuch weben,
Wenn die Liebe Dir fehlt:
Denn es gibt ja kein Leben
Ohne Lieb auf der Welt!

Wer vor Liebe entbrennet,
Ist reich noch im Harm:
Doch wer Liebe nicht kennet,
Ist elend und arm!

Wenn die Rosen auch stechen,
So entzücken sie doch —
Und den Muth, sie zu brechen,
Verlohnen sie noch!

Was die Waldpracht im Düstern,
Was ein Lenz, der nicht singt —
Ist ein Herz, dem das Flüstern
Der Liebe nicht klingt!

Du zerrst Dich. —

Du zerrst Dich und zwingst Dich
Neigst hin Dich und her —
Ich weiß, was das deutet:
Du liebst mich nicht mehr!

So sei's denn, ich wand're
Hinab an den Rhein —
Und schmerzt auch das Scheiden,
So muß es doch sein!

Die Thränen, sie trock'nen
Wohl draußen im Wind:
Und manch' eine Mutter
Hat auch noch ein Kind!

Des Mädchens Klage.

Wie schaut doch gar so wunderbar
So fremd mich an die Welt —
Und stellt doch nichts sich anders dar —
Die Rosen blüh'n wie jedes Jahr —
Ich weiß nicht, was mir fehlt!

Wie ging ich sonst im Abendschein
So gern in's freie Feld:
Nun mag ich nicht bei Leuten sein,
Und weine gleich, wenn ich allein —
Ich weiß nicht, was mir fehlt.

Oft jauchz' ich auf und könnte fast
Umarmen alle Welt —
D'rauf bin ich gleich von Groll erfaßt
Und nirgend find' ich Ruh' und Rast —
Ich weiß nicht, was mir fehlt.

Die Waldschenke.

Im Walde, da ist eine Schenke,
Entzückend die Kellnerin d'rein —
Und wenn ich des Waldes gedenke
So fällt auch das Mädel mir ein!

Im Walde, da möcht' ich verkehren
Bei Frost und Regen und Wind —
Und alle Gebünde leeren
Zu Ehren dem schönen Kind!

Im Walde, da möcht' ich sterben
Ohn' alle Bedenken gleich
Und brechenden Auges werben
Ums lichte Himmelreich!

Im Walde, da ist eine Schenke,
Entzückend die Kellnerin d'rein —
Und wenn ich des Waldes gedenke
So fällt auch das Mädel mir ein!

Jägerlied.

Wie ist mir so heiter im grünen Hain,
Am felsigen Hange, im Sonnenschein!
Mit gebrochnem Sinn
Geh'n die Menschen hin,
Der Jäger nur
Auf Berg und Flur
Ist ein freier Sohn der gewalt'gen Natur!

Es weilet der Jammer im Thal so bang,
Drein schmettert des Hornes verweg'ner Klang!
Alle Sorg und Noth
Tritt der Jäger todt! —
Tausch' um kein Schloß
Mein einfach Loos
Wenn ich lustig träume am Alpenmoos.

Die Blümlein nicken im Morgenthau,
Ein luftiger Dom ist des Himmels Blau —
Mit der Wasser Fall
Spielt der Widerhall!
Das Erlenweib
Zum Zeitvertreib
Schlingt den Arm wohl selber um Jägers Leib!

D'rob bin ich so heiter, so froh und kühn,
Geb' gern für die Stunden das Leben hin!
Ob's der Maid auch graut,
Die zum Jäger schaut; — ·
Nur himmelan
Die Wolkenbahn!
Ist doch Freiheit immer der edelste Wahn!

Im Herbst.

Grüner Wald, grüner Wald,
Ach, so mußt du sterben!
Leiser rauscht der Felsenbach —
Vöglein fliegt der Sonne nach —
Grüner Wald, grüner Wald
Wirst Dich bald verfärben!

Grüner Wald, grüner Wald,
Laß uns würdig scheiden —
Hast verdient viel heißen Dank,
Hast geheilt manch' Herze krank —
Grüner Wald, grüner Wald,
Tröster aller Leiden!

Grüner Wald, grüner Wald,
Nimm den Gruß der Liebe —
Hast gewährt im Schatten kühl
Süßen Traum auf moos'gem Pfühl —
Grüner Wald, grüner Wald,
Hort der süßen Triebe!

Grüner Wald, grüner Wald,
Kommt der Frühling wieder,
Singen mit den Vögelein
Wir auch gleich zu Ehren dein,
Grüner Wald, grüner Wald,
Unsre Jubellieder!

Marie.

Es ächzten die Tannen, es krachte der Schnee,
Die Raben, sie flogen wohl über den See,
Da fand ich die Schenke so reizend wie nie,
Denn, die da kredenzte, das war die Marie.

Es singt nun die Lerche in blauer Höh'
Es tanzen die Fischlein im grünen See,
Zur Schenke begeb' ich mich nimmer und nie,
Es fehlt ja ihr Zauber, die schöne Marie!

In frostiger Weihnacht bei Nebel und Schnee,
Da träumt' ich von Rosen im eisigen See,
Da blühte ein Frühling, so reizend wie nie,
Verklärt von den Augen der schönen Marie!

Nun glühet die Sonne, es rauchet der See,
Doch tief durch die Seele zuckt fröstelndes Weh —
Nicht acht' ich der Rosen — was sollen auch die —
Ich denk' nur allein an die schöne Marie!

Liebe.
(Schottisch).

Auf sonnigen Bergen,
Im schattigen Thal,
Beim Leuchten der Blitze
Im Mondenstrahl —
Durch die rauschendsten Wasser,
Im tiefsten Geheg',
Zu den schroffesten Höhen
Weiß Liebe den Weg.

Wo die Falter nicht fliegen,
Das Eichhorn nicht springt,
Wo der Glühwurm nicht leuchtet
Die Drossel nicht singt —

In der schaurigsten Wüste,
Ohne Fährte und Steg,
Wo kein Puls noch geschlagen,
Weiß Liebe den Weg.

Unter Schwertern und Lanzen,
Auf Schutt und Brand,
Wo die Stärksten verzagen,
Hält Liebe Stand.
Und ob sie in Kerker
Und Banden läg'
Durch Kerker und Bande
Weiß Liebe den Weg.

Der Leu' ist zu zähmen,
Zu dämmen die Flut,
Doch nicht zu erlöschen
Der Liebe Glut —
Und geschäh's, daß die Erde
Ein Sturm zerfeg',
Von der Erde zum Himmel
Weiß Liebe den Weg.

Im Walde.

Im Walde, im Walde, im Walde,
Da singen die Vöglein so hell,
Und lustig stürzet vom Felsen
Sich nieder der rauschende Quell.

Im Walde, im Walde, im Walde,
Da sind die Wiesen so grün,
Und tausend schöne Blumen
Von allen Farben blüh'n.

Im Walde, im Walde, im Walde,
Da flüstert die Liebe so süß
Ihr Zaubermärchen vom alten
Verlorenen Paradies!

Der durstige Jäger.

Das ist kein echter Jägersmann,
Der nicht den Wein vertragen kann,
Juchhe! Juchhe!
Frau Wirthin noch ein Krügel her,
Das Geld macht nur die Taschen schwer:
Juchhe! Juchhe!

Das ist kein echtes Jägerblut,
Das sich vergrämt um Gold und Gut,
Juchhe! Juchhe!
Ist frisch der Sinn und stark der Arm,
So sitzt auch grober Loden warm!
Juchhe! Juchhe!

O Wirthin, liebe Wirthin mein
Und gebt mir Euer Töchterlein,
Juchhe! Juchhe!
Dann braucht Ihr keine Gäste mehr,
Ich trink euch selbst die Fäßer leer!
Juchhe! Juchhe!

Tausch.

„Nun willst, wir wollen tauschen
Die Herzen für und für:
Ich gebe dir das meine,
Das deine gibst du mir!"

So sprach die schlaue Dirne —
Wohl war's ein toller Scherz:
Wir küßten uns einander
Und wechselten das Herz!

Weiß nicht, sie lächelt immer
In Wonne noch und Lust,
Mir aber ist so düster,
So trüb in meiner Brust!

Sie hat beim Tausch gewonnen,
Das liegt am hellen Tag —
Da sie mein Herz nicht wieder
Zurück mir geben mag.

So und nicht anders.

So wie du bist, so lieb' ich dich
Aus tiefsten Herzens Grund:
Und hätten and're Dirnen auch
Viel rosenrothern Mund!

So wie du bist, so lieb' ich dich,
Aufrichtig fest und wahr:
Und trügen and're Dirnen auch
Viel schön gelockt'res Haar!

So wie du bist, so lieb ich dich
Bei wack'ren Mannes Ehr:
Denn, wärst du anders, als du bist,
So wärst Du nimmermehr!

Betheurung.

Mein Leib' und Seel', mein Hab' und Gut,
Du schöne Dirn' ist Dein:
Nichts eigen nenn' ich fürder mehr,
Ich bin durch Dich allein!

Und lächelst Du, und weinest Du,
So freut's und härmt's auch mich:
Und bist Du reich und bist Du arm,
Bin reich und arm auch ich:

Ja Leib' und Seel' und Hab' und Gut,
Bist schöne Dirn' Du mir:
Eine Trennung ist Unmöglichkeit —
Ich leb' und sterb' mit Dir!

Frühlingslust.

Frisch und üppig grünt die Halb',
Brünnlein rauschen durch den Wald,
Und erfüllt ist rings die Luft
Von Gesang und Blütenduft.

Mägdlein mit den Augen blau,
Blick' hinaus auf Feld und Au,
Wie des Lenzes Zauberkraft
Gar so reichen Segen schafft!

Mägdlein, wärmt des Lenzes Hauch
Dir das kalte Herz nicht auch,
Weckt er nicht in tiefer Brust
Blüten sel'ger Liebeslust?

Ach der Winter bleibt nicht fern,
Bald verblaßt der Jugend Stern —
Mägdlein süß und minniglich,
Süßes Mägdlein küsse mich!

Scheidegruß.

Schöne Dirn' ich greif' zum Wanderstab,
Kann hier nicht fürder weilen —
Und wann ich Dich nicht vergessen kann,
So will ich fort doch eilen
Von Dir viel tausend Meilen!

Meine Brust ist wund — mein Kopf ist wüst —
Und all' mein Sein ist Leiden! —
Blüht auch fern mein Glück nicht wieder auf,
Die Stätte will ich meiden
Der todten Jugendfreuden!

Schöne Dirn' ich greif' zum Wanderstab —
Der Paß ist unterschrieben! —
Leb' wohl, mich siehst Du nimmermehr —
Mein Schmerz soll dir nicht trüben
Fortan Dein neues Lieben!

Entschluß.

Wenn das Wasser wieder springt
Von der Felsenwand:
Und das Lied der Drossel klingt
Durch das grüne Land —
Liebchen, dann finde ich
Wieder mich ein,
Bringe ein funkelndes
Goldringelein!

Was dann auch der Vater sagt
Und die Mutter meint —
Besser off'nen Kampf gewagt,
Als daheim geweint!
Liebchen, der Maienmond
Sieht uns getraut —
Und mit der ersten Ros'
Schmück' ich die Braut!

Erwartung.

Vorm Haus bin ich gestanden
So manche Stunden lang —
Hab' auf mein Lieb gewartet,
Bis mich sein Arm umschlang!

Vorm Haus bin ich gestanden
Im Regen, Schnee und Eis —
Hab' keinen Frost empfunden,
Mein Herz war g'nügend heiß!

Wollt' heut nach langen Jahren
Noch warten vor dem Haus —
Käm' mit verklärten Blicken
Mein süßes Lieb heraus!

Tiefes Leid.

Sonnen tauchen auf und scheiden,
Rosen werden roth und bleich:
Aber ach, mein stilles Leiden
Bleibt sich heut wie morgen gleich!

Ewig wiegt sich mein Gedanke
Nur in Einem süßen Traum:
Und das Herz, das arme, kranke
Hat allein für Liebe Raum!

Ewig muß ich sie betrachten,
Sei's bei Tanz und Kirchengang,
Wenn auch ihrer Augen Schmachten
Mich nicht ladet zum Umfang!

Kommt der Herbst, wird's Hochzeit geben,
Soll ich bleiben, soll ich geh'n:
Aber ach, ich kann nicht leben,
Leben, ohne sie zu sehn!

Sonnen tauchen auf und scheiden —
Rosen werden bleich und roth —
Aber ach, mein stilles Leiden
Endet einzig nur der Tod!

Heimweh.

Nur einmal, eh' mein Auge bricht,
Möcht' ich euch wieder schau'n,
Verklärt vom sanften Abendlicht
Ihr heimatlichen Au'n!

Nur einmal möcht' ich träumend geh'n
Durchs graue Haideland
Zum Strome, wo die Weiden steh'n
Im gelben Ufersand!

Nur einmal möcht' ich fahren noch
Weit in die Flut hinein
Vorbei am stillen Felsenjoch
Im bleichen Mondenschein!

Nur einmal — ach, wohl weiß ich das —
Es klingt kein Gruß mir dort —
Die Einen deckt das Kirchhofgras —
Die Andern zogen fort!

Und doch noch einmal möcht' ich schaun'
Mein Heimatland so fern:
Den blauen Strom — die Silberau'n,
Und sterben will ich gern!

Im Mai bin ich gangen.

Im Mai bin ich gangen
Am rauschenden Quell —
Die Böglein, sie sangen
So klar und so hell.

Die Silsen, sie schwankten
Im funkelnden Schein,
Und Blüthen umrankten
Das graue Gestein.

Da trat aus dem Walde
Ein Mägdelein traut —
So schön hab' ich balde
Kein and'res geschaut!

Das floh, wie ein Schimmer
Von Lichtern im See:
Doch ists mir noch immer,
Als ob ich es säh'.

O Mägblein nicht taugen
Mag solcherlei Scherz:
Entflohst du den Augen,
So laß auch mein Herz!

Kündigung.

Herr Müller und Frau Müllerin,
Der Lohn ist mir zu klein —
Ich mag in dieser Mühle
Kein Müllerbursche sein!

Herr Müller und Frau Müllerin,
Die Kost ist mir zu schlecht —
Ich bin dabei geworden
So dünn schon wie ein Hecht!

Herr Müller und Frau Müllerin,
Ich hab' schon meinen Platz:
Und Eu're schöne Dirne
Kriegt wieder einen Schatz!

Wir sind nur auf der Reise.

Du schönes Kind, mein schönes Kind,
Was seufzest du so leise?
Laß weh'n die Blüthen fort im Wind —
Wir sind nur auf der Reise!

Der Mai war schön, doch hielt er nicht —
Das ist schon Maienweise,
Der Sproßer schweigt, der Wald wird licht —
Wir sind nur auf der Reise!

Du schaust so fremd — du schaust so kalt
Und wählst Dir and're Gleise —
Ei nun — die Herberg' eint uns bald —
Wir sind nur auf der Reise!

Der Grollende.

Das Laub verwelkt — die Schwalbe geht —
Was Strauch war, wird zum Besen —
Das ist, so lang die Welt besteht,
Alljährlich dagewesen!

Dem Liebchen wird die Weile lang,
Will Neues sich erlesen —
Dem Buhlen wird's im Herzen bang —
Ist oft schon dagewesen!

Und wandr' ich nun vor Groll zum Bach
Und mach' kein Federlesen —
So schrei'n sie mir wohl Flüche nach —
Ist auch schon dagewesen!

Höchstes Glück.

Und spräch' von seinem Throne
Ein König so zu mir:
„Ich geb' Dir meine Krone,
„Du gibst Dein Lieb dafür!"

Ich sänn' auch nicht ein wenig,
Mein Wort, das wäre: „Nein.
„Es läßt sich hoher König
„Zuletzt nur selig sein!

„Und das bin ich herzinnen —
„Was soll der Handel dann?
„Wodurch ich nichts gewinnen
„Und nur verlieren kann!"

Wonne und Trauer.

Ich war einst heiter und froh und kühn
Und schritt entzückt durch den Wald so grün!

Es sangen die Vöglein so hell und rein —
Sie stimmten in meine Begeisterung ein!

Es blühten die Blümlein so leuchtend und klar —
Sie waren ja selig, wie ich es war!

Nun ist mein Sinn gar düster und bang,
Und schweigend schreit' ich den Wald entlang.

Es seufzen die Vöglein vor Gram und Pein, —
Sie stimmen in meine Verzweiflung ein.

Es neigen die Blumen so farblos sich hin —
Sind alle so traurig, wie ich es bin!

O Mädchen!

O Mädchen, süßes Mädchen,
Was blickest du so trüb,
Dein Leid macht mich verzagen —
Ich hab' dich ja so lieb!

Ob Du auch kalt und lächelnd
Geschieden bist von mir —
Mein Herz und mein Gedanke
Sind immerdar bei Dir!

Will ohne Murren tragen
Die allerärgste Pein,
Nur Du, mein süßes Mädchen,
Nur Du sollst glücklich sein!

Nichtiges Resultat.

Ich bin gezogen in die Welt,
Auf's höchste war mein Sinn gestellt,
Und war das Glück auch ungetreu,
Ich rang doch weiter ohne Scheu.

Nun weht die Luft so scharf und kalt,
Ich bin vom Wandern müd' und alt —
Was ich erworben, geb' ich Dir,
Besorg' mir einen Sarg dafür!

Liebchens Augen.

O Liebchen, Deine Augen,
Das sind die Sterne mein —
So lange die auf Erden
Mir glüh'n und leuchten werden,
Verlach' ich jede Pein!

O Liebchen, Deine Augen,
Das sind die Sterne mein —
Und wo sie ihren Schimmer
Verbreiten, schau' ich immer
Ins Himmelreich hinein!

Es ziehen die Wolken.

Es ziehen die Wolken
So eilig davon,
Und blühen die Blümlein
So welken sie schon.

Der Wald war so dunkel,
Nun ist er so licht,
Und such' ich die Vöglein
So find' ich sie nicht.

Fein Liebchen wo bist Du,
Hochbusiges Kind —
Verweht mit den Blättern
Im herbstlichen Wind.

Ich wand're so einsam
Im Nebel dahin,
Kann Keinem es sagen,
Wie traurig ich bin!

Altes Landsknechtlied.

Der Krieg, der Krieg soll leben,
Der Krieg soll gepriesen sein!
Den Landsknecht herzen und küssen
Die schönsten Mägdelein.
D'rum frisch, eh' noch die Kraft verraucht,
Einen Herren gilt's zu suchen,
Der eiserne Arme braucht!

Der Krieg, der Krieg soll leben! —
Und bleibt der Sold auch aus —
Das macht beim heiligen Paulus
Dem Landsknecht wenig Graus!
Der Hühner und Gänse gibt's genug —
Und ist das Faß gefunden,
So findet sich auch der Krug!

Der Krieg, der Krieg soll leben!
Und gilt es ein Stück vom Leib —
So will ich nicht zagen und klagen
Und winseln wie ein Weib!
Ein Stelzfuß ist mir eben recht,
Und bettelnd noch will ich jauchzen:
Ich war ein Lanzenknecht!

Der Krieg, der Krieg soll leben!
Und fall' ich im guten Streit —
So geben im Waffenschmucke
Die Meinen mir das Geleit!
So schlagen sie mir Dirum, Dibumm!
Das ist mir neunmal lieber,
Als aller Pfaffen Gebrumm!

Entschluß.

Fahr' hin denn Winter, ich trage kein Leid
Um dich, du finst'rer Geselle!
Der Frühling lächelt im grünen Kleid
Und schleudert vom Felsen die Quelle,
Hinab in die Triften so helle!

Ade Frau Mutter so eiseskalt,
Eu'r Groll schafft mir kein Erbarmen! —
Das Liebchen lockt mich mit süßer Gewalt
Und wonnig will ich erwarmen
In seinen blühenden Armen!

Gleichgültigkeit gegen den Winter.

Ha brause Sturm durch den Eichenwald
Und laß versiegen die Quellen —
Vertilg die letzten Blüthen der Halb —
Nicht wirst du das Glück mir zerschellen!
Ich sitze lächelnd im stillen Gemach,
Und lehn' mein Haupt an des Weibes Brust
Ihr süßer Blick, ihre milde Sprach'
Umsäuseln mich, wie Frühlingslust!

Ha brause Sturm und jage den Schnee
Empor in schaurigen Massen:
Laß krachen die Erde, vor Frost und Weh
Und in Nebeln die Sonne verblaßen:

Ich lache Dein und harre getrost!
So lang' ein liebendes Weib noch mein —
Mag alles erstarren in Eis und Frost —
Wirds nie im Herzen mir Winter sein!

Gegensätze.

Ein Bursche zog in die Welt hinaus
Wie schöner keiner war —
Das Auge so blau, die Wange so roth,
So dunkelbraun das Haar!
Manch' schönes Mägdlein sah nach ihm
Empor mit stillem Sehnen —
Der Bursche aber kümmerte nicht
Sich um der Mägdlein Thränen!

Zur Heimat zog ein alter Mann,
Gebeugt von argem Weh —
Das Auge so matt, die Wange so bleich,
Das Haar so weiß wie Schnee;

Er sah nach mancher schönen Maid
Empor mit stillem Sehnen —
Die Mägdlein aber kümmerten nicht
Sich um des Alten Thränen!

Dirne süß und minniglich.

Dirne süß und minniglich,
Süße Dirn' ich liebe Dich,
Wo ich weile, wo ich geh,
Einzig nur dein Bild ich seh.

Deiner Lippen holdes Wort
Tönt im Ohr mir immerfort —
Und in meines Herzens Schrein
Heg ich ewig Dich allein!

Dirne süß und minniglich,
Süße Dirn' ich liebe Dich —
Du nur bist's, die mich beseelt
Und Dein Blick ist meine Welt!

Höherer Werth.

Frühling deine grünen Auen
Sind gar lieblich anzuschauen,
Deiner Sänger heit're Lieder
Rauschen gar entzückend nieder,
Deiner Blüthen süßer Duft
Weht berauschend durch die Luft!

Aber meiner Liebsten Mienen,
Wenn sie glühn von Huld beschienen,
Ihrer Lippen süße Rede,
Die da tilget jede Fehde,
Ihre weiße keusche Brust
Acht' ich als viel höh're Lust!

Der Ring.

Mein Lieb hat mir gegeben
Ein gülden Ringelein,
Bevor es zugeschloßen
Sein Auge blau und rein!

Es strich die blonden Locken
Sich aus der Stirne weiß,
Und nahm mich bei den Händen
Und sprach gar sanft und leis:

„Wohl kann ich Dir nicht geben
„Das Ringlein am Altar —
„So magst Du's nun empfangen
„An meiner Todtenbahr!"

Das Ringlein trag' ich treulich
An meiner rechten Hand:
Das Ringlein gilt mir höher,
Als aller Erdentand!

Aufs Ringlein ist gefallen
Die letzte Thrän' der Maid:
Im Ringlein ist verschloßen
So Lieb als Seligkeit!

Auf's Ringlein schau' ich träumend
Des Tags viel tausendmal:
Das Ringlein lehrt mich lächeln
Ob jeder ird'schen Qual!

Gar leicht gönn' ich den Erben
All', was an Schätzen mein:
Das Ringlein muß man legen
Mit mir ins Grab hinein!

Schönes Kind ich liebe Dich.

Schönes Kind ich liebe Dich!
Magst Du fern auch von mir stehen,
Oder kalt vorübergehen,
Mag dein Auge klar und rein,
Keiner Neigung Herold sein:
Schönes Kind, ich liebe Dich!

Schönes Kind, ich liebe Dich!
Blick' zu dir in stummer Wonne,
Wie ein dunkler Stern zur Sonne,
Dessen Walten nur allein
Ihrer Strahlen Widerschein!
Schönes Kind, ich liebe Dich!

Schönes Kind, ich liebe Dich!
Will mich freu'n am Glanz der Rose,
Die da blüht im Alpenmoose,
Aber heim zu tragen sie
Mich vermessen nun und nie!
Schönes Kind, ich liebe Dich!

Dein Auge.

Mädchen, Dein Auge funkelt hell,
Wie ein klarer Wiesenquell!

Mädchen, Dein Auge dämmert mild,
Wie ein blasses Sternenbild!

Mädchen, Dein Auge ruhig und hehr,
Ist ein unergründlich Meer!

Mädchen, dein Auge zornbewegt,
Ist ein Blitz, der Felsen zerschlägt!

Sommernacht.

Süßes Lieb um Mitternacht,
Wenn die Sterne scheinen,
Will ich pochen leis und sacht'
An das Haus der Deinen!

Süßes Lieb bei Mondenschein,
Wenn die Geister weben,
Blüht im zauberhaften Hain
Auch das Minneleben!

Süßes Lieb zur Geisterstund'
Wenn kein Laub mag wehen —
Laß uns schweigend Mund an Mund
Schwelgen und vergehen!

Im Lenz.

Der Lenz ist kommen,
Der Schnee zerfließt,
Und alles knospet
Und alles sprießt!

Die Quelle rauschet
Vom Felsenhang —
Begeistert jubelt
Der Lerche Sang!

Die Nixe schlinget
Den leichten Tanz —
Der Silfe wiegt sich
Im Sonnenglanz!

Der Falter flattert
In blauer Luft —
Die Blume hauchet
Balsam'schen Duft!

So frisch und üppig
Pranget die Halb —
So süß und schmeichelnd
Rauschet der Wald!

Der Lenz ist kommen
Im Freiersschmuck
Und frei ist Alles
Vom Leidensdruck!

Wie mag auch auf Erden
Besteh'n der Gram —
Wenn die Erde küßet
Den Bräutigam!

Vom todten Liebchen.

Ich wandle traurig auf und ab —
Mein Liebchen schlummert im kühlen Grab!

Mein Liebchen war gar schön und rein
Wie Mandelblüthe im Maienschein!

Ich flocht' ihm, als es geschieden war
Den grünen Kranz in's blonde Haar!

Und wie ich ziehe von Land zu Land —
Es rauschet um mich sein Leichengewand!

Und geht mir vorbei eine blonde Maid,
So bebt mir das Herz vor Gram und Leid!

Und schau ich blühen ein Mirtenreis
So stürzt mir die Thräne vom Auge heiß.

Ich wandle traurig auf und ab —
Mein Liebchen schlummert im kühlen Grab!

Verherrlichung der Geliebten.

Die Augen meiner Liebsten,
Das sind zwei Sternlein klar:
Die leuchten auf allen Wegen
Voran mir wunderbar!

Die Wangen meiner Liebsten.
Das sind zwei Rosen mild:
Die schaffen mir jede Steppe
Zum blühenden Gefild!

Die Lippen meiner Liebsten,
Das sind zwei Becher mit Wein:
Die bieten mir Kraft und Labung
In aller irdischen Pein!

Spinnlied.

Sause Spindel, sause,
Sause, sause!

Wollen spinnen
Hochzeitlinnen,
Fehlt auch noch der Bräutigam,
Daß wir fertig,
Sein gewärtig
Harren dürfen ohne Scham!

Sause Spindel, sause,
Sause, sause!

Vor dem Minnen
Gilt's zu spinnen
Weißes Hemd und weißes Kleid;

Nach dem Minnen,
Erst zu spinnen
Hat gereut schon manche Maid!

Sause Spindel, sause,
Sause, sause,

Rein gleich fernen
Weißen Sternen
Strahlt des edlen Linnens Schein,
Und die's weben,
Müssen eben
Rein von Hand und Herzen sein!

Sause Spindel, sause,
Sause, sause!

Lieblich winkt der Matten Grün.

Lieblich winkt der Matten Grün,
Und die alten Linden blühn,
Nicht behagt es mir zu Haus,
In den Wald zieh' ich hinaus!

Und die Blümlein allzumal
Lächeln mild im Sonnenstrahl,
Flüstern leise: "So allein
"Wandelst du im Frühlingshain?"

Vöglein in den Zweigen kühl
Schau'n mich an voll Mitgefühl:
"Hast du für der Rede Schall
"Keiner Freundin Widerhall?"

Bächlein spiegelhell und klar
Mahnet ernst und wunderbar:
„Schaust so trüb und trauermild
„Ewig nur dein eigen Bild!"

Mädchen geh' hinaus zum Wald,
Ist dein Herz nicht felsenkalt —
Wird der Sehnsucht stille Lust
Bald durchglühen deine Brust!

Mein Lieb hat mich verlassen.

Mein Lieb hat mich verlassen,
Das all mein Leben war:
Drob schaut so bleich mein Antlitz,
Drob färbt sich grau mein Haar!

Ich war gar unbesonnen
Vor Seligkeit und Lust —
Da hat die Dirn' genommen
Das Herz aus meiner Brust!

Es gehn der schönen Mägdlein
Noch viel an mir vorbei,
So lieblich und so wonnig
Wie Blüthenduft im Mai!

Doch mag das Aug' sich freuen,
Die Brust bleibt ewig leer —
Und lieben, herzlich lieben,
Das kann ich nimmermehr!

O Mädchen.

O Mädchen, laß mich schauen
Dein freundliches Angesicht,
Das durch die Nacht des Lebens
Mir leuchtet wie Mondenlicht!

O Mädchen, laß mich küßen
Deine Lippen roth und weich,
Die mir so süße Märchen
Verkündet vom Himmelreich!

O Mädchen, laß mich ruhen
An deiner keuschen Brust,
Um die so schmeichelnd wehet
Der milde Hauch der Lust!

O Mädchen, laß mich sterben —
Gar leicht muß sichs sterben bei dir:
Du hast ja meine Seele,
Nimm auch mein Leben mit!

Denkst du noch mein?

Denkst du noch mein?
Es rauscht der Bach vom Felsen nieder,
Der Lerchen Chor singt frohe Lieder,
Die Mandeln glühn im Blüthenschein —
Denkst du noch mein?

Denkst du noch mein?
Es war im Lenz — die Knospen sprangen —
Der Falter flog, die Lerchen sangen —
Da sprachest du: auf ewig dein! —
Denkst du noch mein?

Denkst du noch mein?
Wohl ruhn dazwischen viele Jahre —
Ein wenig bleich sind meine Haare —
Du wandelst fern — ich steh' allein!
Denkst du noch mein?

O Liebchen, du wohnest —

O Liebchen, du wohnest
Nun meilenfern —
Was liegt mir am Wege,
Ich hab' dich so gern!

Es sauſt in den Regen
Des Sturmes Wuth —
Was liegt mir am Wetter
Ich bin Dir so gut!

Und würdeſt Du ziehen
Weit über das Meer:
Ich zöge getreulich
Doch hinterher!

Und würdest Du auch
Aus dem Leben gehn —
Ich hoff' über Sternen
Ein Wiedersehn!

Wäre ich Perle.

Wäre ich Perle
Leuchtend und klar,
Wollte ich funkeln
In deinem Haar:

Wär' ich ein Vöglein
Hielte ich Stand —
Ließe mich streicheln
Von deiner Hand!

Wär ich ein lauer
Säuselnder Wind,
Würd' ich dir küßen
Die Wangen lind!

Wäre ich Rose
Im Frühlingshain:
Wollte ich sterben
Am Busen Dein!

Lob des Weibes.

Wohl dir Weib, so rein und gut,
Du erschaffst mir starken Mut,
Klärest mir das trübe Blut,
Weckst in mir des Sanges Glut!
Drob in allen Liebesweisen
Will ich ehren dich und preisen!

Wohl dir Weib, so gut und rein
Du beschirmst mich leicht und fein
In des Lebens Leid und Pein
Als ein gutes Engelein!
Drob nach meinem Tod noch preisen
Sollen dich die Liebesweisen!

Weinlied.

Nach Rosenblutt.

Nun grüß' dich Gott, du herrlicher Trank,
Mein Sinn ist trüb: mein Herz ist krank:
Bewähr' dich goldner, heilsamer Saft
In deiner gewaltigen Zauberkraft!

Gesegnet sei, wer den Boden pflegt,
In den ihre Wurzeln die Rebe schlägt!
Gesegnet sei, wer die Trauben preßt,
Und dich in Kellern verbrausen läßt!

Gesegnet sei, wer das hölzern Gewand
Für dich erschafft mit kundiger Hand —
Gesegnet sei, wer in Reifen von Erz,
Dir warm erhält das glühende Herz!

Gesegnet sei, wer rein dich schenkt,
Und nicht das Maß zu verringern denkt —
Gesegnet sei, wer zum Trunke winkt,
Gesegnet jeder, wer selber trinkt!

O sei gesegnet du herrlicher Trank,
Mein Mund schwillt über vor Segen und Dank —
Es säuselt um mich so lind und weich
Wie Harfenklang aus dem Himmelreich!

Es flammt mir so selig ins Herz hinein,
Gott selber muß gnädig dem Zecher sein —
Denn wie die Erde rings vergeht,
Wird Gefühl und Gedanke zum lichten Gebet!

Jägerlied.

Halloh, halloh, hinaus in den Wald!
Bergab und an
Die felsige Bahn!
Ob der Himmel blau,
Oder nebelgrau,
Hinaus, hinaus in den Wald!

Halloh, halloh, hinaus in den Wald!
Wo aus Klüften hell
Sich stürzet der Quell,
Wo die Hindin rennt
Und das Moorlicht brennt,
Hinaus, hinaus in den Wald!

Halloh, halloh, hinaus in den Wald!
Wo sich hebt die Brust,
So kraftbewußt,
Wo sichs schläft so kühl
Auf moosigem Pfühl,
Hinaus, hinaus in den Wald!

Halloh, halloh, hinaus in den Wald!
Wo der Berggeist thront,
Und die Elsin wohnt,
Wo des Lebens Streit,
So fern und weit!
Hinaus, hinaus in den Wald!

Der Trompeter.

Wie zieh' ich so lustig von Land zu Land —
Das Schwert an der Seit', die Trompet' in der Hand!

Ich grüße, wann Keiner sich regen noch mag
Mit wildem Geschmetter den grauenden Tag.

Ich blas' ihm ein Ständchen voll Kraft und Glut,
Bevor er sich senkt in die dunkle Flut.

Ich rufe zum Mahle, ich rufe zur Wacht —
Ich ruf' zur Parade, ich rufe zur Schlacht!

O Leben voll Freude, o Leben voll Lust —
Die Trompet' in der Faust und ein Herz in der Brust!

Ich schmett're ins Horn und der schmetternde Ton
Fährt wie Wetter hinein in die ganze Schwadron!

Und die Weiber vernehmen's von nahe und fern,
So keken Gesellen, den haben sie gern!

He Wirth, noch ein Glas, meine Kehl' ist im Brand,
Und schreibt's zu der übrigen Zech' an die Wand!

O Leben voll Freude, o Leben voll Lust —
Die Trompet' in der Faust und ein Herz in der Brust!

Will blasen am Morgen, will blasen bei Nacht —
Zum fröhlichen Marsche — zur blutigen Schlacht!

Und ist mir verronnen die letzte Stund',
So legt die Trompete mir nach in den Grund!

Am jüngsten der Tage zum ehrlichen Strauß,
Da ruf' ich Kam'raden euch wieder heraus!

Flüchtig.

Einmal hab' ich sie gesehen,
Einmal nur und wieder nie,
Aber meine Augen näßen,
Denk' ich heute noch an sie!

Fürchten mußt du, daß die Rose
Kaum erblüht im Sturm vergeh' —
Häng' daher dein Herz an keine,
Denn das Scheiden thut so weh.

Liebesunruhe.

Es treibt mich von dannen,
Es reißt mich dahin,
Und meine Gedanken
Sind nie, wo ich bin!

Oft drängt's mich zu wandern
Vorüber am Haus,
Und schau' ich sie nahen,
So weich ich ihr aus!

Oft ruf' ich entschlossen:
„Ich scheide von hier!"
Und geh' doch in Träumen
Verloren zu ihr!

Vor Gram bin ich selig,
Verdroßen im Glück —
Und lach' ich, so näßt sich
Vor Wehmut mein Blick!

———

St. Hubert.

St. Hubert war ein Jägersmann,
Ein Jägersmann!
Ein Jägersmann wie keiner bald
Mehr jagen wird durch Busch und Wald!
St. Hubert, St. Hubert!
Und ist auch seines Hornes Klang
Verhallt schon ein Jahrtausend lang,
So soll er doch noch leben
Beim Feuer der Reben!

St. Hubert war ein Jägersmann
Ein Jägersmann!
Dem war zu rasch kein flüchtig Reh,
Den hielt zurück nicht Berg und See!
St. Hubert, St. Hubert!
Und ist auch seines Hornes Klang
Verhallt schon ein Jahrtausend lang

So soll er doch noch leben
Beim Feuer der Reben!

St. Hubert war ein Jägersmann
Ein Jägersmann!
Dem war zu spröd kein Mägdlein hold,
Das er nicht zwang zum Minnesold
St. Hubert, St. Hubert!
Und ist auch seines Hornes Klang
Verhallt schon ein Jahrtausend lang,
So soll er doch noch leben
Beim Feuer der Reben!

St. Hubert war ein Jägersmann
Ein Jägersmann!
Der fuhr an Glück und Ehren reich
Zum Trost für uns ins Himmelreich!
St. Hubert, St. Hubert!
Und ist auch seines Hornes Klang
Verhallt schon ein Jahrtausend lang,
So soll er doch noch leben
Beim Feuer der Reben!

Ich segne jede Rose.

Ich segne jede Rose,
An der du träumend hingst, —
Und jede auch, an welcher
Du kalt vorübergingst!

Ich segne jede Stätte,
Auf der dein Haupt geruht, —
Und jeden, den getroffen
Der Flammenaugen Glut!

Ich segne jeden Zauber,
Den deine Huld gebar, —
Und jeden, der in deiner
Umarmung glücklich war!

Ich segne selbst ein Lieben,
Das nun als Wahn erscheint, —
Und segne jede Thräne,
Die ich um dich geweint!

Der Spielmann.

Ein Spielmann, das bin ich,
Und freue mich sehr:
Was wär' auch das Leben,
Wenn der Spielmann nicht wär!

Das ist keine Hochzeit,
Wo die Fiedel nicht klingt,
Bis die letzte der Saiten
Am Morgen zerspringt!

Und gilt es die Reise
Ins moosige Haus:
Der Spielmann, der geigt noch
Die Leiche hinaus!

In der Charwoch, vorm Kreuze,
Auf der Wiesen im Mai —
Wo Lust und wo Trauer,
Ist der Spielmann dabei!

Frisch! Kelln'rin, das Krügel
Gefüllt bis zum Streif —
Bin gewohnt ja, daß jeder
So tanzt, wie ich pfeif'!

Die Alte.

Umschlingt sich ein Pärchen,
Da schau' ich bei Seit'
Und denk' mir, die Jährchen
Wie sind sie so weit!

Bin auch einst gegangen
Im rauschenden Hain,
Mit leuchtenden Wangen
Und heimlicher Pein!

Hab' auch einst gesungen
Willkommen dem Mai —
Es wär' bald zersprungen
Das Mieder dabei!

Bin auch einst gewesen
Bei Kirmeß und Tanz —
Vom Schönsten erlesen
Zum bräutlichen Kranz!

Verrauscht und verklungen
So fern und so weit — — —
Gott segn' Euch, Ihr Jungen
Die rosige Zeit!

Der theure Ort.

Dort braußen auf dem Anger steht
Ein alter Weidenbaum:
Da lehn' ich viele Stunden lang
Allein mit meinem Traum.

Dann schreit ich, wie ich oft gethan,
Am Felsenbach vorbei:
Und unten singt das Mühlenrad
Die alte Melodei.

Auf hohem Berge bleib ich stehn
Und schau ins Dorf hinab —
Mich dünkts, ich bin ein irrer Geist
Und unten liegt mein Grab.

Der Rock ist zerrissen.

Der Rock ist zerrissen,
Das Hemd schaut herfür:
Und mein ehrlicher Name
Steht beim Wirth auf der Thür!

Gute Nacht! ich muß scheiden,
Ach das Scheiden ist schwer —
Und der Morgen wird kommen,
Aber ich nimmermehr!

Hätt' Euch gern' noch zum Abschied
Gedrückt und geküßt —
Doch Ihr wißt, daß die Trauer
Meine Farbe nicht ist!

Der Mond und die Sternlein
Nehmen still ihren Lauf:
Und die Wirthsleut, die schreiben
Auch noch anderwärts auf!

———

Wiegenlied.

Schlaf ein, schlaf ein geschwind
In tiefer, tiefer Ruh —
Noch deckt, du liebes Kind
Dein Mütterlein dich zu!

Schlaf ein, schlaf ein geschwind
So sanft und mildiglich,
Noch wacht, du liebes Kind,
Dein Mütterlein für dich!

Die Zeit, sie geht geschwind,
Dann flieht von dir die Ruh,
Bis dich du liebes Kind
Die Erde decket zu!

Frisch in die weite Welt.

Frisch in die weite Welt!
Nicht lang erst überlegen,
Im Wollen liegt der Segen,
Und wo sich Zweifel regen,
Da ist es schon gefehlt!

Die Stunde gilt allein!
Und Zaudern kann nicht frommen,
Was kommen will, soll kommen,
Doch werd ich nie beklommen
Des Morgens wegen sein!

Was liegt am morschen Flaus!
Ein Flaus läßt sich gewinnen,
So lang noch frisch das Sinnen —
Doch reißt's im Herzen drinnen,
Dann ist's auf ewig aus!

Frau Wirthin einen Schoppen noch.

Frau Wirthin, einen Schoppen noch,
Den gebt mir auf die Reise:
Dann wandr' ich fort durch Berg und Thal
Nach echter Burschenweise —
Vergelts Euch Gott viel tausend, tausendmal!

Frau Wirthin, Euer Wein ist gut,
Und hold sind Eure Wangen:
Und hielt ich noch ein Weilchen aus,
So müßt ich wahrlich bangen:
Drum heißt es fort aus Eurem schönen Haus!

Frau Wirthin, Euer Wein ist gut
Und stärkt in Pein und Schwächen:
Doch Euer Blick voll Süßigkeit,
Der macht die Kraft zerbrechen,
Und ach, mein Weg ist noch gar fern und weit!

Frau Wirthin, in den leeren Krug,
Da fiel ein Thränlein nieder:
Ich wandre fort durch Berg und Thal
Und seh Euch wohl nicht wieder! —
Vergelt's Euch Gott viel tausend, tausendmal!

Des Schreiners Braut.

Mein Schatz, das ist ein Schreiner —
Ich ruf's entzückt und laut:
So schmuck, wie der, ist Keiner
Und ich bin seine Braut!

Mein Schatz, der macht die Schränke
Bereits für Herd und Haus —
Und was ich thu' und denke,
Das geht auf ihn hinaus.

Am Hals will ich ihm liegen
In süßen Traum versenkt:
Indeß er an die Wiegen
Für unsre Kinder denkt.

Und treibt mein Schiff zum Hafen
Ins unbekannte Land:
So muß sich's selig schlafen
Im Sarg von seiner Hand

Träumen.

Ich träume, wo ich geh' und steh'
Am Tag und in der Nacht —
Und ob der Frühling blüht und welkt,
Das nehm' ich nicht in Acht.

Ich träume, wo ich geh' und steh'
Seit manchem langen Jahr —
Es ist darüber unvermerkt
Gebleicht mein dunkles Haar.

Zwei Augen sind's, die schau'n mich an
Wie milder Mondenschein.
Und kosend rauscht's wie ferner Sang
Der Nachtigall im Hain.

Ich träume, wo ich geh' und steh'
Des Zeitlaufs unbewußt —
Und wand're leicht durch Schutt und Eis
Mit Rosen in der Brust!